각시붓꽃 목에 슬픈 낮달이 뜨다

심지시선 010

각시붓꽃 목에 슬픈 낮달이 뜨다

2010년 9월 10일 초판 1쇄 발행

지은이 김나인
펴낸이 윤영진
편 집 함순례
디자인 한천규 이경훈
펴낸곳 도서출판 심지
등록 제 253호
주소 300-812 대전광역시 동구 삼성동 125-2 4층
전화 042 635 9942
팩스 042 635 9941
전자우편 simji42@hanmail.net

ISBN 978-89-91109-89-6 03810

심지시선 010

각시붓꽃 목에 슬픈 낮달이 뜨다

김나인 시집

심지

□ 시인의 말

목이 텁텁하여 오미자 숭늉을 벌컥 벌컥 들이마셨다. 목이 부어오른다. 공기가 차오른 것일까. 어젯밤에 마신 그 빗물에 탈이 생긴 걸까. 내 몸에 던져지는 그물망처럼 두려움이 엄습해 온다. 나의 목은 내 몸에서 밖으로 밀려나가고 있다. 하루는 발목에서, 하루는 배꼽아래에서, 그리고 겨드랑이와 허벅지를 거쳐 항문까지 옮겨 다니었다. 이젠 내 몸의 붉은 피와 까맣게 그을린 피부가 화살표를 밀어 내고 있다. 어디로 달아난 것일까. 며칠부터 그 화살표는 보이지 않는다. 내 몸에 유일하게 남아 있던 화살표가 사라졌다. 붉게 솟아 오른 종기나 코끝에 숨어 있는 것도 아니었다. 밋밋해진 나의 몸을 이끌고 하나씩 사라지는 화살표, 수많은 기호들을 찾아 나선다. 하루는 시장에서, 닭도리탕을 먹으면서, 노숙자를 바라보면서, 어린 소녀의 눈동자, 촌부와 과부 그리고 나를 보면서 그 상징성들을 찾다보면 내 몸 어딘가에 그 화살표가 드러나겠지. 제 목소리의 위치를 찾아 더듬어 가며 시행착오와 고난과 아픔, 사랑을 겪겠지.

시집을 발간하기까지 고생하신 도서출판 심지에 감사드리며 흔쾌히 해설을 허락하신 오준 교수님께 다시 한 번 감사의 말씀을 전합니다.

2010. 8.

청양군 화성면에서

차례

2부 간월도가 그리울 때가 있다

3부 노랑붓꽃이 시들다

4부 외로운 소나타

1부
무인도

무인도

들에 피었을 한 송이 꽃이라 불려도 조오타
행려의 무고舞鼓한 발걸음에 으스러지는
그 꽃이라도 조오타
헛된 꿈같이 모든 바람이 사랑으로 곰삭고
시시때때로 모든 만남이 순간이었던 적도 있다만
나는 푸르른 하늘 같은 여린 가슴으로 지나간
향기만으로도 족하다
그러니 쓸쓸하다 말며 외로웁다 슬퍼할 일도 아니다

오다가다 스치올 인연 내 삶에 그 하나만으로도 족하다
들에 무성할 잡초라 불려도 조오타
그리하여 나는 무속巫俗이 없는 자유다
이름 모를 새로 날다가 잊힌다한들
이름 모를 꽃이나 잡초로 한들한들거린다한들
나 스스로의 실소는 아름다운 것
그러하니 초라하거나 약해하거나 괴로워할 일에도 조오타

제비꽃 되어 떠난 사람아

황진이가 따라준 곡차 한 잔에 제비꽃이 되어
떠난 사람아

황진이 치마폭에 잠들다 이슬처럼 사라진 사람아
감나무에 노닐다가는 까치들 홍에 겹고
버들피리 우는 강가 이슬도 몹시 그립다

어젯밤 황진이가 취한 술
너도 붓고 채우고 마셔라
너와 나도 늦은 밤 소래포구에 나와
달빛을 벗 삼으면
하나같이 사랑을 잃고 그리움에 떠도는
나그네 같으니
어젯밤 황진이가 술 취해 불렀던 노래에
너도 붓고 채우고 마셔라

황진이가 눈물겹고 홍에 넘쳐
넘치도록 잔을 채운 소곡주 한 잔에

나비처럼 날아가 소아시아로 잊혀힌 사람아
천리를 걸어도 한 길만 같은
낙화와 같은 밤만 있을 것이다

어젯밤 황진이의 춤사위처럼 너도 웃고 울고 춤춰라
떠났던 사람은 밤사이 돌아오지 않을 것 같아서
오늘밤은 잔에 붓고 채우고 춤추고 노래를 불러라

여섬(호도)에서

해당화야 해당화야
녹도 끝 해송이 처연히 드러누운 기슭에 핀
해당화야 해당화야
봄꽃이 살피며 지나가련만
장녹수 품에 안겨
까치처럼 놀다가는구나

해당화야 해당화야
저 높고 푸른 골짜기 너머로
억새풀 가슴 쓸어내고는
푸른 봄 언제 오고 갔느냐는
그 발자국도 비로소
어린 눈빛에 씻기어 지는구나

해당화야 해당화야
산능성이 밭에 푸르고 말아야할
녹두가 있다
찔레나무 가는 길마다

늙은 손길로 매만진
황량한 들판이 버려져 있다

파도가 쓸어내리는 바닷가에 이르러서는
쓸쓸한 길목에 지켜 서서 녹두꽃이 지거든
안타까운 사연 모두 모아
아픈 몽우리로 서는 섬 끝

프리뮬러에 대한 잔상

나도 목욕하러 가는 양귀비를 따라
스멀스멀 꽃이 진자리로 봄볕의 발걸음을 옮긴다
봄볕의 거리가 따사롭다 기는 하나
잎이 진 나뭇가지의 움틈보다는 어둡다

화산華山으로 가서 여도사 생활을 하는 양귀비 따라
나도 따라 겹겹이 덮은 꽃을 가슴 밖으로 밀어 내고
여귀 저귀의 봄꽃을 밟고 스쳐가는 것이 향기롭다 기는 하나
오래 가슴에 품지 못할 밝음이다

나도 괴국부인의 집으로 청탁이나 하러 갈까나
양귀비가 머문다는 양국층의 집으로 찾아나 볼까나

나도 안록산을 수양아들로 삼은 양귀비를 따라
횟집으로 가는 별과 꽃과 밤을 수양삼아 따라간다
만남이야 진자리에서 다시 따사롭다 기는 하나
흉터하나 없이 남는 상처처럼 이별은 아프다

마외역관 나무에 목을 매어 자결한 양귀비 따라
아파트 놀이터, 테니스장, 건축사무소, 가로수의 목이
비딱하게 걸려있다

장곡사

장곡사 가는 길 고른 숨소리도 푸르고 가엾어라
누군가는 족적을 남긴 벚꽃나무와 이팝나무가
저 먼 길상사 넓은 마당에로
눈부시게 피고 지었음을 모를 이가 없어 애처롭다

나는 꽃잎으로 단단히 다진 길을 걷는 것이 슬프다
파릇한 이파리에서 미끄러지는 웃음소리가
성북동으로 향하는 질퍽한 땅에 미소로 미끄러지고
나와 헤어진 '자야'*가 오늘은 몹시도 그립기 때문에 외롭다

참나무 아래서 달빛 훔치던
자야가 보낸 밤이 한 사내의 가슴을 흔들기 때문에
칼날이 선 우윳빛 모양 같아 악어새가 서글프다

나는 장곡사를 오르다가
자야의 화려한 아악과 가무가 귓속을 후비는
낯선 시대로 미끄러지다가

〈오늘밤 그대와 함께 죽어도 나는 행복하다〉 유언을
성북동 길상사에 쓰다

* 백석에 의해 자야라 불렀던 김영한(金英韓, 본명 : 김진향)

민초

석류꽃 봉우리 그 속에 목탁이 잠들어 있다
철저히 서정으로 다져진 눈꺼풀이
비늘처럼 벗겨지는 그날 그 계절에
가칠한 껍질 속의 목탁을 꺼내 눈 속에
목소리를 넣는다
콜록콜록, 켁켁, 마른 기침소리
갑상선처럼 부어 오른 목에
터질듯한 씨앗들이 서정을 모으고 있다
이쯤 되면 그들의 목소리가 아우성치듯 달리겠거니
초록 속에 붉음을 떠올리겠지만
아직도 석류는 헛기침 소리로
잠든 목탁의 머리를 어루만지고 있다

갈무리

국화꽃 잎처럼 함부로 툭툭 떨어져
대숲에 당나귀의 귀를 덮고
사그라뜨리도록 뒹굴어 보아야 할 때가 있다
목련의 유두가 쪼그라들자
바람과 빛깔과 애틋함이 달아나듯
가볍게 무늬를 날리며 잊히는
회색 거리의 쓸쓸함과 흠뻑
뒤섞여 볼 일이다
알맹이를 벗어 버린 빈껍데기로
딸꾹질 소리 멎지 않을 적에
내 몸에 칭칭 감을 수 없는 그 흔적으로
솔바람에 매향 날리듯
주머니가 헐거워 질 일이다
그러다 그러다가
무심히 찾아든 잔자누룩한 무게의 무늬
가지 끝에 헐겁게 띠고리로 매달려
봄이 가는 딸꾹질
온종일 멈추지 않는다

각시붓꽃 목에 목탁이 없다

부슬비 나리는 날 국화를 만지고 있다
또닥거리며 땅이 파이고
호박 잎사귀는 염소 귀처럼
쫑긋거리는데, 그 앞으로 고추줄기 솟아오르고
뿌리배추 싯누런 꽃 붉게 달아오르도록
그리운 곳을 찾아 긁적이고 있다
국화 순을 잡고, 가는 철사로 수영을 잡아 몸뚱이를 비틀고 있다
여름배추의 옷깃이 두터워지고, 까치들은 먹이를 나르고
돌담장 아래 각시붓꽃 하나가 울적이고 있다
소리를 마른자리에 놓아 둔 목탁이
국화를 부러뜨리고 부슬비를 피하며
염불 외려 간지러움 찾아 긁적이고 있다
목은 속을 비워가고 그 두드리는 소리는
행자의 귓가에 박혀온다
자리를 비울수록 커지는 목탁소리가
깊은 밤에도 국화를 꺾으며 붉게 솟아 올랐다

미암사 초입에서

꽃이 수백 번 피고지어도 고치어지지 않을 마음이어라
순결을 주장하던 그 각오도 한결같지 않을 약속이어라
어디 어느 곳에 놓인다 한들 풍경소리를 물고 달아나는 바람도
그 목소리에 제 각오와 슬픔을 낸다 할 수 있을까
무욕이 부르는 그 경계는 참으로 낯설다
초파일 연등을 달며 소원을 비는 보살도 낯설다
미암사 중턱에 염불보다 더 크게 들리는
대중가요 소리도 낯설다
내가 처음 미암사 초입서 민들레꽃 바라보며
눈물을 훔치었던 것은 각오와 한결같은 마음이
전설 물고 떠나가는 순례자의 딸꾹질 같아서
꽃은 역사를 겪고 오면서 한 송이 꽃으로 불려지는
아픈 숨결을 참아왔다

미암사 가는 길

꽃이 흩날리는 돌담과 개울물 줄기를
태우는 것 없이 탄내로 사라지며
거슬러 올라간다
오고가는 발자국 찍히는 소리와 경적소리
귓가에 속삭이는 참새 소리
계황산의 손짓에
구름처럼, 바람처럼 지워져간다
길가의 저 풀들과 국화 꽃잎 대를 보라
한 걸음도 내딛지 못한 걸음처럼
채워지지 않는 자신의 뿌리를 뽑으려 한다
뜨거운 햇살아래 등과 겨드랑이가 축축해지고
타다 남은 욕심인가 늙은이 걸음보다 앞서간다
쌀바위 앞에 서지 않고
와불 앞에 서지 않고
꼬리를 남긴 길에
따라오던 씨앗들이 흩날린다
목탁이 톡 솟은 가슴을 두드리지 않고
향냄새도 맡을 수 없는

넓은 마당을 돌고 돌아
집으로 되돌아가는 길
불씨 하나를 곱게 접어
불전함에 나의 거푸집을 넣는다

검은 지퍼

지퍼를 여는 순간 검은 잎이 사라지고
푸른 잎에 연장이 있겠다
얼마나 많은 잎을 잘라내었는지
숙덕거린 흔적이 녹슬고 있다
내 몸에서 잘라내고 다듬어 버린
그 부스러기 말의 잎사귀들은
지퍼를 열고 검은 내장 속 줄기로
지느러미를 파닥거리며 뜨거워지려 하고 있겠다
기생하는 파릇한 벌레들이
달빛을 몸에 남기고 소금물에 몸을 적시며
꿈을 흔들며 있겠다
부스러기 말은 관 속으로 눕고
검은 지퍼를 목까지 끌어올려
국화꽃은
금빛을 낭비하며 바지런하게 있겠다

손톱

땟국의 손톱을 또깍 또깍 깎는다
다른 세상으로 튕겨져 갈 때마다
하나씩 잃어가는 아픔은 쇠뜨기뿌리처럼
땅 속 깊이 넓게 엉키어 간다
작은 어둠을 잘라낸 것뿐이었다
희석되지 않은 땟국이 내 몸에서
반달로 떨어져 나간 것뿐이었다
생명을 잃고 떨어져 나간 것이 눈에 밟히고
어린 가슴에 쇳덩어리처럼 짓눌린다
결국 내 몸에서 바닥으로 튕겨져 나간 것들이
나의 생명과 의미를 앗아가고
반달 빛에 끼어 든 땟국의 삶이
쇠가 녹는 눈빛으로 하늘 하나를 잃었다

딸그락거리는 목탁의 소리를 꿀꺽하고 있다

미끈거리는 것 없이
비늘의 의복을 걸친
긴 꼬리의 헛구역질
가슴에 목탁을 꽉 차게 밀어 넣는다
처마 아래, 뱉어내는 것 없이 헛구역질하다가
풍경 속에 고인 군침
훑어가는 손 게워낸다
낙엽은 코를 뚫고 거울 속으로
가칠한 목을 움켜쥔다.
엇박자의 말이
온기를 잃고 거품을 물며 목에서
마른 헝겊에 나뭇등걸이 닦여 올 것이다
나의 등으로, 쇠뜨기의 헛구역질에
대패질에 떨어져 간 고운 숨결을 떠올리며
사라져가는 너를 보고
목에는 목탁이 걸려있다
대패자국을 거슬러 올라가며
빈 그릇에 채워질

딸그락거리는 목탁의 소리를 꿀꺽하고 있다

전갈의 기억

대폿집, 나이팅게일의 사랑과 한 잔의 술이
몸에 긁적인다
낙타 한 마리가 사막을
넘어가고 있다
팔 안에 있던 흙터는 초원을 꿈꾸며
찰싹 달라붙은 사막과 황무지를
털어내고 있다
집게와 독을 잃은
대폿집, 한 잔의 술과 사랑할수 있는
그림자 딱지를 벗기니 영산홍 꽃이 붉게 피다

2부
간월도가 그리울 때가 있다

낙엽

바람이
느티나무 흔들더니
대롱대롱 매달린
핏방울들
땅에 떨어진다
수북이 쌓인
어머니 가슴에
바스락거리는
또 하나의 나
바람을 흔들다

간월도가 그리울 때가 있다

어느 날 밤부터 간월도가 이유 없이 그리워질 때가 있다
뱃전에 깊게 박힌 설익은 목탁소리가
목에 꿀꺽 꿀꺽 넘어가고
소리만 남은 목어의 박제된 그리움에
굴 껍질이 덕지덕지 달라붙어 있을 때가 있다

언제부턴가 간월도 무학대사의 목소리가
무척이나 그리울 때가 있다
그 목소리에 이끌려 간월도에 그림자 적시면
나는 파도에 잠긴 조약돌처럼 공염불만 외고 있을 때가 있다

그때부터 나는 간월도에 고래가 있다는 것을 알았다
고래는 방파제 앞에 서서 지느러미로 나그네의 어깨를 친다
걸음마 속에 발걸음이 남고 그 자리에
조가비 껍질이 누워 은빛 속내를 태우고 있다

간월암에
떠도는 벌레 울음소리는 발걸음이 되어
천리를 걸어 내 가슴에 들어왔다
나는 껍질의 알맹이처럼 맨 몸으로 뒹굴다가
잃어버린 껍질을 찾으러 고래지느러미처럼
선창을 두들기다 바다로 사라질 때가 있다

시인과 커피

커피에
지빠귀가 빠져있다
알알이 쏟아내는 씨앗과
잎사귀를 섞는다
항문이 입을 열고
꽃의 소리를 담아내고자 할 때
지빠귀는 귀를 열고
두터운 책 속의 호두알을 으깨며
책장의 문을 열 때마다 항문에서
떨어지는 소리,
차갑고 얼었던 부스러기들이
한 몸으로 섞인 지빠귀를 건져낸다
한 숨에 꺼졌던 땅이
입속으로 흐물거리며 들어갈 때
지빠귀는 온기 속에 허우적거린다

함부로 버려진 껍데기가 있다

집 밖을 나서 모퉁이를 돌면
함부로 버려진 껍데기가 있다
한때는 수수함의
으깨어진 자국
한때는 향기를 담은
옷이었을지 모르는 일이다
날카로움을 제 몸에 잊지 못할
뭉그러진 껍데기가
풀밭에 젖가슴을 젖히고 있다
죽은 까마귀도 숨을 내쉴 것 같은
햇살이 껍데기를 봉합하고 있다
검푸르게 쓰리고 아픈 상처에 난
가을 모퉁이에
외로운 살을 한 점 씹어
이빨자국을
뱉어 놓은 것이다

유성

밝은 빛줄기를 형성하며
유성 하나가 대기권으로 돌입하여 떨어진다
어디서 날아온 유성인가
탈곡기와 방앗간을 거쳐
압력밥솥에서 맴돌았던 유성
위장 어디쯤 아리고 진다
마침내 유성 하나가 내장에
소금빛의 분화구를 만들어
소우주가 뱃속에 만들어졌다
이별한 그녀의 눈빛이 내게 떨어진다
눈까풀 없는 그리운 눈이 나의 눈을 찌른다
달도 그렇고 나무의 잎사귀도 그렇다
내 배는 부풀어 올라
작은 병실에서 소우주를 꺼내
흰색 가운을 입고 있는 아틀라스를
물끄러미 바라본다

두껍아, 두껍아

박노해 시인의 〈참된 시작〉을 읽고
땅 위에 두꺼비 집을 짓게 되었다
그 두꺼비 집 위에 제비꽃 나팔꽃
강아지풀이 무성하자
거룩하게 불려질 주검의 이름들이
기억에서 하나 둘 잊히는 가을이
두껍아 두껍아 새사람 줄게 헌 사람 다오
두껍아 두껍아 내 가슴 줄게 그대 가슴 다오

길도 없고 집도 없는 그 땅에
파란 하늘 덮고 휘파람 놓아두어
초원이 되어라, 고목이 되어라
홀로 벌레처럼 뒤뜰에 울도록
밤하늘에 그 울던 목젖
별처럼 놓아두어라
두껍아 두껍아 새 이름 줄게 헌 이름 다오
두껍아 두껍아 미래 줄게 과거 다오

사랑, 그것이 주름지고 헐거워진 것이다

상처가 굽어지자 껍질이 몸으로 귀가한다
누렇게 곪던 허벅지 종기가 배불뚝이가 되어
몸을 밀어내고 누렇게 탱글탱글하다
사랑도 곪고 이별도 곪고
돌출 부위에서 어느 것 하나 빠져나오지 못하고
팽창하여 종기만 남고 몸은 사라졌다
한때 몸 속 뿌리 깊숙이
붉은 피와 함께 흐르던
사랑, 그것이 주름지고 헐거워진 것이다

아침 소곡

까치가 전신주에 앉아
송충이를 바라본다
딸꾹질 걸음을 멈추자
까치가 잽싸게 집어 삼켰다
다음날 아침,
전신주에 앉아 있는 까치의 배설물에
딸꾹질 멎은 송충이가
까치를 올려다보며
가슴에 발끝을 찍고는
악취가 나도록 비비고 있다

혀

내 혀는 서랍 안에 놓여
페이퍼처럼 꼬리를 파닥거리고 있다
지느러미 없는 사랑을
꺼낼 때마다
생선 머리토막이 입 밖으로 튀어나온다
눈까풀 없는 죽음이
가슴에 파닥거릴 때마다
나는 입 안에 여러 번 쓰고 지운 사랑을
다시 한 번 베껴 쓴다

하루살이

애써 슬퍼할 겨를도 없다지
바다를 유영하던 고등어의 눈빛만
가슴 속에 비집고 넣으면 된다는데,
고향 잃은 고등어의 슬픔은 그렇지가 않았다네
도마 위 요란스럽게 파닥거리는 지느러미
언어의 턱이 저억 벌려진 채
무리를 찾고 찾아 파닥거린다지
고등어 입은 애써 사랑한다 할 겨를도 없었다지
아내를 잃은 고등어의 사랑은 그렇지가 않았다네
진열대에 누운 고등어를 아내가 징그럽게 들어 올린다
고등어의 목덜미는 꽃을 세우고
심장은 허벅지 아래서 삐죽 나오는데,
애초부터 슬퍼할 겨를도 없이
아내는 고등어 품에 안겨 잠이 든다
나를 잃은 아내의 사랑은 그렇지가 않았다네

마음 편지

마음에 낙엽 한 조각
기침 소리 없이
간단히도 떨어진다
쓸쓸히 누렇게 묵혀왔던 빛깔들
마음에 낙엽 한 조각
기침 소리 없이
간단히도 떨어진다
나의 기침과 가픈 숨소리가
달빛보다 빛나도록…….

레비아 카디어*

족보가 없는 함성은 꽃잎처럼 연약하다 지껄인다
사랑처럼 연약하다 지껄인다
우루무치 위구르족들의 함성
나의 어머니처럼 연약하다 지껄인다
그녀는 계보와 족보도 없이
아고라에 빼앗긴 혓바닥이
여린 소녀의 눈빛처럼 맑다 지껄인다
안개를 뚫고 종속적인 족보를 찾는다 지껄인다
종소리를 잃고 거리를 잃은 그녀
눈물 빛으로 빛난다
보석 빛으로 빛난다
그날 밤, 술집에 모여든 프티부르주아는
한 잔 소주에 연약함을 풀어 놓으며
사랑, 그 족보를 들먹인다
슬픔은 써지지 않는다고 지껄인다

* 위그르 소수민족 지도자

개미구멍

보자기에 작은 얼굴을 내민다
꽃술이 없는 꽃을 피우자 미소는
허리를 감추고 어깨를 추스른다
나는 오래전 처음 그들을 보았다
그 꽃을 , 그 바람을, 그 가족들을
그리고 그들의 가슴과 입술에
농락을 당하고 귀가한 코는 잠이 들었다
잠에 깨어 보니 그들의 이마에는 주름과
어색한 웃음과 기침이
나의 귀 볼에 향기 없는 개미구멍을 내다

비오는 밤에

비로소 나는 굴러가는 잎사귀에 지나지 않았다
그렇게 새파랗던 것들도 멍이 들어
이름과 비바람에 앉은뱅이가 된다
소리 없는 악기가
수선화를 흔들고 있다
드디어 나는 굴러가는 잎사귀에서
티끌도 남지 않은 손때의 혀 바닥에 지나지 않았다
모든 생명력이 타다 남은 흔적으로
모든 음악이 불려지고 남은 악기로
땅 위에서 흔들린다
이제 나는 연주가 되지 않을 악보를 읽고 있다
사랑하는 사람에게나 악보를 그린 존재들 앞에
잊힌 이름, 사랑
누가 썼는지 필적을 모른 채 외고 있었다

3부
노랑붓꽃이 시들다

낙엽이 되는 것

인적 없는 집
후박나무 아래
고양이가 있다
어미고양이는 없고
어린고양이들이 후박나무 위로
발톱을 세워 오른다
후박나무 잎이 되기 위해 오른다
고양이들은
발등의 상처를 핥으며
한 평 남짓한 귀에
우수수 뛰어 내리는
어린 고양이 발톱
몸뚱이는 남아 울고 있다

노랑붓꽃이 시들다

나는 오늘 밤 넬슨 만델라와 쇠주 한 잔을 마시기 위해 대폿집으로 간다
백인의 세계 속에 백인으로 융화되기 위해 흑인의 본성을 부정한 그의 죽음에 대해 물을까 한다
또 한 가지, 동경의 대상인 백인들의 오리엔탈리즘을 물을까도 한다
나는 대폿집에 앉아 넬슨 만델라가 도착할 때까지 쇠주 잔을 기울인다
그와의 첫 대면 치고 나는 그에게 떳떳하게 인종에 대해 물을 수 있을까 자문한다
나 또한 억만장자이었다면 흑인이 될 수 있을까라고,
그들과 함께 랩과 힙합을 부르며 노예의 해방을 부르짖을 수 있느냐고,
넬슨 만델라는 오지 않는다
대포집 밖은 국지성 폭우와 낙뢰가 친다
만주를 거쳐 이곳 대폿집에 들른다던 넬슨 만델라는 전화도 없다
그날 밤, 대포집 안은 넬슨 만델라를 찾는 울음소리만

장례식장을 떠나고 있다

장곡사* 가는 길에 불러지는 이름

하늘배꼽에 나누이는 벚꽃들이
하나같이 귀향 살러 장곡사로
가슴 벗 하나 놓아둘 것 없어라
회항하는 배처럼 내가 누울 꽃 하나
유심히 눈썹에 그려놓고
누군지도 모를 발자국
어느 것 하나 놓아 둘 것 없어라
그리움을 남긴 문신으로 하여
꽃의 살갗에 향기도 남기지도 말며
행자의 옷자락 끝에 말리는 바람소리도
담아가지 말며
두 눈에 달을 계곡처럼 깊게 하고
혀가 없는 입속의 집으로
하나같이 항문을 잃은 귀향으로 따라가니
빈 지갑,
어느 것 하나 담아 둘 것도 없어라
이문구 소설가, 박목월 시인을 차례로 불러볼 일밖에 없어라

* 충청남도 청양군 대치면에 있는 절.

겨울밤 Russian Blue로 향한다

겨울밤이 오면
다인종으로 북적이는 bulldog 카페
Russian Blue 칵테일 서너 잔 마시러 간다
고양이 발소리 같은 목젖에
굵은 소금빛 여울목 소리가
심장의 북소리로 밟고 지나칠 때라,
Russian Blue 한 잔에 전태일 사회운동가
Russian Blue 두 잔에 용산철거민
Russian Blue 가난한 노동자들,
Russian Blue 고양이를 마시며
짠 내로 녹아드는 굵은 눈물방울을 훔치며
부용꽃이 지었다는 그 어느 날 밤
발톱을 세우며 눈길을 걷는다
투명한 유리글라스에 고래의 지느러미는
겨울 밤 외피가 된다
bulldog 카페를 떠나지 못하고
가난으로 남기 위해 잔을 비운다
이제 불처럼 타오르는 것들은 없고

메뉴판에 Russian Blue가
주문한다, 고주망태 주정뱅이 오늘 또 없나 하고

아사코의 사랑을 쓰다

시골길 담장너머 단아한 목련을 바라보며 나는 쓰네
어젯밤에도 아사코를 위해 사랑을 썼지만
버지니아 울프의 소설 '세월(The years)' 을 이야기 하며
아이치 현(愛知縣) 나고야에서
전북 진도 섬진강까지 초롱초롱한 별이
한결같다는 것을 알고 또 나는 쓰네
그대여 딱히 아름다운 사랑과 인연은 내게 없다네
두 눈이 없는 가슴에
무수한 꽃잎만 흩어져 파고만 높을 뿐,
젖은 날개가 달처럼 스멀스멀 진다
사랑이 없는 목目 으로 귀가하는 향연이 끝나면
산으로 산이 숨어들고
길은 길로 숨어들고 수많은 이름들을 지운다
그대여 나는 딱히 진정한 사랑을 해본 적이 없다
목련의 목숨처럼 짧아지던 그날 밤
소쩍새가 울고 버지니아 울프의 생애를 노래한 향수 그
날을 쓴다

타지에서 하룻밤

벽지가 무늬를 버리고 있다
구석기시대의 벽화 같기도 하고
시조새의 화석같이 얼룩진 무늬
그 몸에 배경이 빠져나가고
낙서 같은 흔적
소리를 훔친 낡은 귀
벽 넘어 벽 그 몸에 무늬가 없다
그 몸에 눅눅히 박혀있다 퇴색된 그림자
무늬를 훔치고 몸뚱이는 달아난다
악어의 뱃속에 누워
태고 때부터 가슴에 그려진
무늬를 버리고 있다

꽃으로 가다

검게 익은 벚나무의 벚이 잔솔가지마냥
길바닥으로 검은 빛을 터뜨리며 으깨어 질 때를 기다려
나는 정처 없이 허물어져 가는 세상을 기웃거리며
청력을 잃은 심장 별꽃으로 옹기종기 누웠다

튤립이 공원에 피고
어린아이들이 튤립 속의 튤립으로 섞일 때를 기다려
나는 보금자리를 잃은 서해안 녹도 위를 날다가
바다의 파고처럼 높다랗게 가 닿아 있다

저 수풀과 새들이 지저귀는 어느 숲에 낙엽처럼
사랑을 잊고 슬픔을 잊고 그리움도 잊고
겨울바람에 쓸려도 한적한 곳 이를 데 없는 곳에서
불려지고 싶다

저어새가 바다 위를 나는 것도 이젠 한가롭지 못하다
튤립을 꺾는 거친 손에도 이젠 예사롭지 않다
고즈넉한 밤이 찾아오면

부엉이가 울고 갔다던 자작나무가지에
수없이 헤맸던 그리운 때를 기다려
하룻밤에도 시력을 잃고 떨어질 때를 머뭇거린다

이별 찬송가

그대가 영영 작별을 고하시려거든
노고지리와 함께 나누었던 밀어를
여우별에 타는 마른풀처럼 놓아 주시구려
행려들이 소담스러워 하지 않을
엉겅퀴의 추억을 놓아주시구려
쓸쓸히 잊히는 것도 때론 허깨비와 같은 나비
한가로움에 이르지 못하는 속임수의 날갯짓
오늘이 그대와 마지막이라고 해도
작별은 연등처럼 붉고 뜨거운 가슴이라고 해야 한다

그대가 영영 이별을 약속하시려거든
보리 수확하는 그 계절에 이삭줍기하지 말며
슬픈 기도가 끝나기를 기다리다가
밤이 찾아오면 잔치를 끝내 듯 고하며
다시는 고귀한 땅에 낙엽처럼 서지 않겠다고
서약으로 새겨주어야 힌다

그대가 영영 작별을 고하시려거든

신사임당의 고운 물결에 목까지 담그시고
양귀비의 음을 몸에 익혀두시고
푸른 눈동자에
마음을 고운 빛깔로 빚으시며
내게 영영 작별을 고하는 거짓말로
가라, 저 들에도 없는
푸른 잎사귀에도 없는
당나귀 귀에도 들리지 않는 곳으로
추억은 가라 작별하시고
가고 없어지면 작별은 꽃이 되는
풍부한 경험으로 바위에 앉아 풀 이끼처럼 웃으시구려

사랑을 하시려거든 1

그대를 사랑하시려거든
꽃의 속임수와 먼 길을 돌아 온
개천 버들의 속임수를 잊으시구려
벌레들의 쑥덕거림에
마음을 빼앗기지 말며
서정을 사랑하는 그 초록의 눈빛에
나의 들을 빼앗기지 말며
한낮 여름의 허풍처럼 잊으시구려
그렇게 만물을 벗으로 여기지 말며
한낮 마을 어귀에서 들리는 풍악소리처럼
우리의 흥을 멀리 멀리 빼앗기지도 말며
조선의 여인처럼 말초롬한 한복도 잊지 말며
다소곳한 웃음도 선운사의 목탁처럼
초야에 들리 듯 감추어—

그대를 사랑하시려거든
코끝에 어떠한 향기도
해묵은 기억으로 남기지 말며

동백나무 숲에
하나의 동백나무 꽃으로
무리 속에 자신의 빛깔을 감추어—

그대를 사랑하시려거든
오이 밭에 더듬는 덩굴손에
몸을 맡기지 아니하며
농로를 휘어져 걸어가는 가는 다리로
강낭콩의 알알이 차오른 속삭임을
비밀로 하시고
육지로 불어오는 바닷바람에
넓은 오지랖을 접고
올곧은 가지마다 육지로 향하게 하오

그대를 사랑하시려거든

사랑을 하시려거든 2

사랑을 하시려거든
용각산의 기슭을 따라
산새 소리와 바람에
무거운 마음 모두 내려놓으시고
나비처럼 향기로 올라라
우리가 헤어질 때도 있나니
그때는 이슬 머금은 풀잎도
풀숲을 따라 걷던 발자국 소리도
마음의 주머니 속에
한 푼의 거스름도 남김없이 비워두고
푸른 봄만을 기억하자
많은 추억과 방황은 우리를
낮은 평야에서 휘파람으로 해후하니
그대여, 갈대밭을 치맛자락 흔들며
거닐 때에도
어깨에 양각 산의 무게가 짓누른다 하여도
나는 그대의 아래에 누운 땅이니
파이거나 갈라진다고 해도

외로워하는 그대를 그 위에 서 있게 하리다
모처럼 꽃들 사이에 패랭이로 주저앉아
상흔에 더 크나큰 나무 꽃에 서 보자
과거에서 들려오는 파고가
잃어버린 귀에
사랑이라고 귀엣말로 전한 적이 있잖은가
꽃의 테가 하나 둘씩 가슴에 그어질 때가 있나니
한 번의 이별과 한 번의 사랑으로
우리의 삶은 족하다
그러니 그대여 사랑을 하시려거든
인적 없는 양각산의 가파른 기슭으로
바람 같은 목숨으로 오르라
햇살 같은 가슴으로 태워 없애라
우리는 사랑하기 때문에 목숨을 잃고
슬퍼하지 않는 까닭이다

포자

앞뜰에 심어놓은 오이 묘가 있다
열흘이 지나자 허공을 짚어가는
가느다란 덩굴손 더듬이처럼 기댈 곳을 찾는다
감나무와 전신주에 이어놓은 빨랫줄
그물망에 걸려들도록 기댈 곳을 만들어 놓았다
십일이 더 지나자 덩굴손은 그물망을 휘어 감고
오이 묘들끼리 생존경쟁을 치르며
한 녀석이 불쑥 앞지르고 나서 꽃을 피웠다
사흘간의 꽃 대궁을 밀어내고 작은 오이는
조카 고추 씨알만하게 눈을 떴다
열흘이 더 흘러 나는 오이 덩굴을 위해
세상의 길을 더 열어주고 어머니는
주변의 적들을 낫으로 베어 버렸다
나는 하루하루 생장하는 생명력의 무서운
싸움과 경쟁에 혀를 내두르고 있었는데
결국 자신의 최후를 알면서도
자신의 배앓이를 위해
동족과 생장력 아귀다툼 하는

오이들 앞에서 나는 어머니가 문뜩 떠올랐다
나의 여동생들이 함께 떠올라 담배 두 개비를 맛없게 피고
풀숲으로 들어가는 벌레가 되어
낙엽을 들썩이며 어머니의 가슴으로 파고 들어갔다

방

고무나무의 이파리처럼 책장에는 무수한 언어들이
귀들 열어 놓고 속삭인다
하물며, 밤새 내리는 비는 열린 귓속에 파고들어
귓속에 귀의 애벌레가 된다
언제부터고, 카오스의 방 안의 것들이 차츰
소리가 되고 언어가 되고 말끔하게 진열되었는지
외로움이 차곡차곡 가슴을 덮고
제각기 다른 소리들과 나란히 언어의 몸을 섞고
귀에 꽉 들어 찬 애벌레가 되었는지
그로부터, 빗줄기에 안네의 뽀얀 젖가슴을 어루만지며
자위와 두발을 단정히 하고 그리움에 나란히 선다
벽지 무늬와 창밖의 어둠이 꽃을 피운다
애벌레의 언어와 소리를 나락에서 꺼내기 위해
번들한 방바닥과 천장은 바람을 스산하게 한다
책장과 책들은 방안의 심장처럼
"성석제의 〈순정〉과 마르크스의 〈사본론〉과
카와바타 야스나리의 〈설국〉과 박경리의 〈파시〉"를 말한다

귓속에 귀의 애벌레는 귀의 부스러기를 만들고
그 누구도 단정하지 않는 날개를 펴고 날아간다
방 안의 바닥과 천장은 물구나무 선 것뿐,
만국萬國으로 가는 길에
사랑의 여러 정착민들 틈에
주둥이만 뾰로통한 가슴을 덮고
책장 귓속의 귀에 누에고치를 만든다

서술

꽃은 우선 자신과 관련된 모든 것을 떠남으로써 핀다
'내 가슴속에 지워지지 않는 이름' 의 자야의 회고전처럼
비단 저고리를 풀고 드러나는 뽀얀 젖가슴같이 꽃이 핀다
이별은 떠나보냄으로써 이별이라 부를 수가 없는 것이 되어버리는 그리움인 것이다
애초부터 이별은 가슴에서 불리던 이름이 아닌 것이다
바다가 앗아간 생명, 부여한 생명, 품은 생명의 흔적이
가슴에 불꽃 기둥처럼 솟아 해무에 가려지는 시야처럼
불리던 이름들이 가슴에서 떠나가 버린 것뿐이다
나는 자야의 그리움과 애틋함을 잘 기록하고 있다
백석을 찾아 홀씨처럼 가뿐한 그리움으로 철책을 넘어
그 기름진 곳에서도 봄이 오면 민들레가 된다
어느 곳이든 지나고 난 자리에 민들레로 지고 만다

소네트의 유산

새벽에 깨어나는 초롱초롱한 눈동자처럼
언제고 심장에 파고波高의 울림처럼
빛이 나고 간절한 고해처럼 넘쳐나는
상사화처럼 여리고 자태가 단단한
계절이 오고야 말 것을 알았다
무엇이 갈대의 마디처럼 억세게 칭칭 감고
세상에서 단 한 번의 기회처럼 고해지는
여러 장의 심고深痼들이 눈동자에 나눠지는가
한 번도 고약한 심사에 뒤틀려
사랑하는 사람을 괴롭힌 적은 없었다만
그대가 나의 해묵은 고집까지 종잇장처럼 흔들 줄이야,
비로소 봄꽃들은 목탁을 그 자리에 사푼히 놓고서
길은 행자들의 가슴에 묻어 놓고서라도
사랑은 잔재들을 바스락거리며 밟혀 온다
나는 이제 고래심줄을 한 잔의 술과
사하라사막의 모래먼지를 떠올리며 끊고
나의 이기적인 목소리를 잃어가며
그대에게 사랑한다, 사랑한다 말한다

판자촌의 밤

술에 취한 모럴리스트는 안개 속을 걷다가
할미꽃을 밟았다
토박이 할미꽃은
거인의 시퍼런 밑창에 깔려 자국으로 눕는다
할미꽃은 할미꽃의 제 이름을 잊고
으깨어진 얼굴과 가슴의 밑창을 수선한다
모럴리스트는 할미꽃의 뿌리를 뽑아버렸다
주소와 번지를 땅속에 등기登記로 박아두었던
족보를 잃은 할미꽃의 발바닥
가슴에 몸을 뽑고 뽑힌 몸에 못도 뽑힌
모럴리스트는 이별을 이슬 사이가 먹고 익히는
밤에 묻어두고
듬성듬성 가슴의 뿌리와 잔뿌리에 간간히 대롱거리던
핏덩어리를 툭툭 털어내고
척추와 신경계를 거리에
뽀얗게 드러냈다
재봉틀은 그날 밤 주소를 수선하며
드르륵 드르륵 헛구역질을 하고 있다

4부
외로운 소나타

외로운 소나타

소쌀밥나무 잎에 소의 혀가 달라붙는다
얼마나 오랜 되새김질이었을까
소쌀밥나무 잎에 우산 꽃이 피었다
눈가에 그리움의 주름살이 늘어가고
여러 차례 산과 들을 되씹으며
소의 혀는
그리움의 콧김을 들이마시며 내쉰다
한 생애를 태운 것 없이 달그락거리며
상앗빛 그리움으로 남기 위해 단맛을 씻어낸다
연기도 없고 슬픈 향기도 없이
태웠던 것들만 울렁거린다
소쌀밥나무 소 턱 안에는
밋밋한 발자국의 상처만
찍혀 있다

그래도 소리 나는 울음은 없다

공복을 채우기 위해 나는 오늘도 밥을 생각한다
꽃에 향기의 내력이 있듯 나의 뱃속에는 공복의 내력이 있다
사상과 상념도 공복 속에서는 하나의 허기일 뿐
그 허기 속에서 따듯한 밥은 절실하다
절실하기 때문에 공복은 뭉크와 같은 것이다
뭉크의 절규와 같은 것이어서 밥은 그리운 것이다
그리운 것은 깎이는 것이다. 깎이어서 뾰족하여지는 것이다
뾰족하기 때문에 외로움을 찌른다
선홍빛 피가 심장에서 흘러나올 때 공복은 기쁨이 된다
기쁨이 되기 때문에 무감각해진다.
무감각해진 들은 파고의 기억을 떠올릴 수 없다
난장이 파고들어 밥은 그립기 보다는 희망이 된다
그나마 희망이 된다는 것도 밥이다
늘 채워도 생기는 공복은 그리움 때문이기도 하다
누굴 사랑하고, 누굴 미워해도 공복은 마찬가지다

나는 그 공복을 채우기 위해 공복에 대한 단상을 떠올린다

고무나무의 파릇한 잎사귀 보다 파릇하지 못한 단상은
공복에 벌레처럼 숨어들어 공복을 만든다
공복은 그립다기 보다 허기를 말하는 것이다
허기는 늘 빈 그릇처럼 비어 있다. 비어 있기 때문에
공복은 그리움을 먹는다, 먹기 때문에 가슴은
채울수록 사랑은 먼지처럼 사라진다
사라지기 때문에 무엇 하나 슬퍼하는 것도 눈물이 나지 않는다
그리워지기 때문에 이별하는 그 무엇 하나도 슬퍼하지 않는다.
그래서 우는 존재는 없다
슬퍼하는 존재도 없다
단지, 그것을 위해 소리 내는 자는 모두
공복을 채우기 위해 그리워하는 배곯은 뱃소리다

그대는 살대와도 같은 그 목숨이다

그대는 살대와도 같은 그 목숨이다
허파가 없이 목까지 차오르는 그리움 때문에
억새소리 풀벌레소리 아가미 숨소리
그 목숨이다
목젖이 없는 짧은 마디의 두 눈빛은
사체의 비늘 같은
나무껍질의 그 목숨이다
그 목숨을 꽃향기와도 바꿀 수 없는 그대는
등껍질 없이 나뒹구는 입술 없는 잎사귀의
헐거운 그 목숨이다
헐벗은 산짐승 기어오르듯 그대의 가슴 안에 죽어도 좋다
그 심장이 파고의 파도 같다 손 치더라도
그대의 이름에 꽃잎 같이 누워도 좋다
그대는 잎사귀에 귀를 걸고 낡은 상념의 눈동자
그 목젖이다
그대는 그림자에 비친 형상의 가슴이다
민들레 꽃 같지도 않고

대나무 꽃 같지도 않고
구리빛 향수에 취한 고운
날이 선 살결이다
거울에 그대의 두 눈동자에 씨앗이 밟힌다
섭치꼬지의 죽은 숨소리가 그대의 그 목소리처럼 들린다
그 먼 곳에 얇은 귀를 잃어버리고
눈썹도 없는 민얼굴로 그대는 그대 앞에 무릎 꿇은
짧은 그대의 목숨이다
동백꽃 피고 새들이 사랑을 쫓아갈 때
풀과 바람과 햇살에 깎인 가슴과 순결과 씨앗의
이름으로 섞은 그 목숨과 순교로
비스듬히 놓인 퇴화한 고등어 혀 같은 그 조각이다

가라, 사랑

너는 수선화같이 싯누렇고 전등처럼 밝았으며
나의 옷깃보다도 한들한들 거렸다
서서히 붉은 빛깔과
오렌지 빛깔들이 사라져가는 정체모를 거짓말이
주마등처럼 눈앞에 아른거렸다
너는 연못의 수연보다 수려하고
담장너머 능소화 걸렸으며
씨앗똥보다 갈퀴 같은 잎, 상사화 꽃보다 숙연하였다
초가집 뒤뜰 장독대 풀밭으로
너는 명아주의 풀잎으로
내게 뒤엉키었고
덩굴손이 옭아매는
소슬바람 불던 어젯밤보다 따사로웠다
나의 부러진 발목을 흔들고
꿈을 꿀 수 없이 현실을 깨웠다
너는 어젯밤 푸른 목단을
지옥처럼 까마득히 잊고
눅눅해진 나의 흙터에

간자(a spy)가 지난 겨드랑이를 남긴다
너는 봄 끝자락의 옷깃을 휘감아 돌며
껑충껑충 풀잎에 내려앉아
푸드덕 날아가 버리는
참새의 심성과 같은 두려움에 떨었다
옥 같은 눈빛도 주워지지 않고
이슬처럼 사라져버릴 너는
깃털처럼 가볍게 참으로 나의 가슴으로 왔다
타들어 가는 촛불처럼 제 목이 짧아지는 것은
유채 밭에서 보았던
샛노란 눈물의 물결이 놀다간 흔적 때문이다
가라, 사랑아

옷걸이

바람이 내는 소리가 아니다
고욤나무 가지가 생각들을 털어내는 이파리 소리다
누군가 몹시 그리워 구슬피 우는 소리가 아니다
그냥 지나치려 하는 시간의 옷깃이
못에 걸려 내는 소리일 뿐이다
파도소리도 마찬가지 일 뿐이다
그 소리가 바다에서 내는 것은 아니다
헛기침 같지만 바위의 심장이
숨 가쁜 소리를 낼 뿐이다
그 몸에 그 물건이 와 닿았을 뿐
목탁처럼 내는 소리는 아니다
무심하게 지나칠 때나
먼산바라기 노을처럼
스스럼없이 밟아 오는 잔잔한 물결일 뿐이다
바스락 거리는 고양이의 혀끝에서 나는 소리도 아니다
버려진 음식물이 딱딱해서도 아니다
소리는 두려움과 목숨에 달려 느껴지는
방울 소리 같은 것이다

소리는 아귀에서 나는 소리가 아니다
외롭다거나 슬프다고 나는 북소리도 아니다
누군가 내게 오고 가볍게 사라지는 잔영처럼 나는 소리이다
그 지붕 위에 떨어지는 빗방울처럼 또 오고야 말 그림자처럼
유유히 흐르는 소리가 잠시 들리는 소리일 뿐이다
소리는 두들기지도 흔들리지도 않는다
소리는 너와 내가 사랑한다고 느낄 때
도둑고양이처럼 눈빛만 마주치고
달아나는 것뿐이다

오늘밤 만큼은 보스포루스 해협으로 사랑은 가라

꽃이 꽃을 먹고 꽃을 먹은 꽃은 꽃으로 죽는다, 죽은 꽃은 이팝나무 나뭇가지의 푸른 달빛을 달기 전에 꽃으로 피어 다시 꽃을 먹고 먹은 꽃은 꽃으로 죽는다, 꽃은 시시때때로 절벽에 서서 낭떠러지와 마주하며 수없이 사라진 꽃의 이름과 꽃의 그림자도 없는 공허한 하늘빛 그리워하다가, 꽃은 꽃을 먹기 위해 사랑의 빛으로 왔다가 사라진 것으로 음미하다가 꽃이 꽃을 사랑하고 이슬을 찬미하며 그윽한 눈빛에 젖는다, 때론 나그네가 무심코 던진 시구詩句도 아닌데, 사별하고 떠나는 자들이 은은하게 던진 시어詩語는 더더구나 아닌데, 그런데 꽃은 베란다 창가에 놓인 붉은 장미꽃 한 송이의 소름이 꽃의 시선과 마주치고, 창으로 스며드는 봄의 따듯한 시선으로 피었다 지는 진리를 깨달았을 때, 카프카스* 산맥에서 들려오는 꽃의 비명을 듣고 나서, 꽃은 꽃을 소스라치게 먹은 사랑이… 사랑이 말하거늘, 땅은 땅에 하염없이 나뒹구는 것을 말하는 것이라서, 그리움은 그대를 가리켜 말하는 것이라서, 꽃은 시시때때로 향기 없는 목탄의 거리를 거닐다가, 꽃은 시시때때로 소리 없는 억새의 샛길로 거닐다가 이별이 깡마른 젖꼭

지의 모양으로 남아 있어, 꽃의 첫 키스가 어렴풋이 입술 모양으로 남아 있어, 오늘밤 만큼은 보스포루스** 해협으로 꽃의 사랑은 가라, 그곳에서 꽃은 꿈을 먹고 꿈은 꽃의 꿈에서 깨어나기를 두드린다.

* 카프카스 : 유럽권 러시아 남서부 끝에 있는 산계山界와 지역

** 보스포루스 : 터키어로는 Istanbul Bogazi, Karadeniz Bogazi, Bogaziçi. Bosphorus라고도 씀. 흑해와 마르마라 해를 연결하여 터키의 아시아 지역과 유럽 지역을 가르는 해협(bogaz : '협류' 라는 뜻). 보스포루스는 '소의 여울' 이라는 뜻으로, 이오가 젊은 암소의 모습으로 방랑하던 중 트라키아의 보스포루스를 횡단한 전설과 관련이 있다.

나는 모로코에 있었다

코스모스가 땅에 집을 지을 때
나는 모로코에 있었다.
모로코에서 되돌아 왔을 때
코스모스의 집은 허물어져
빈터가 되어 있었다
나는 닭 볏을 세우며 과거를 알고 울었다
밤새 지붕에서 이슬처럼 과거는 지난다
참나무에 구멍을 파는 부리소리가
검게 타서 검은 구멍을 몸에 남긴다
검은 재는 발가락에 달라붙어
부리를 흔든다
참나무의 구멍 속으로
탄내는 파고들어 간다.
코스모스가 지붕을 헐을 때
나는 사하라 사막으로 향하고 있었다
사하라 사막에서 되돌아 왔을 때
코스모스는 땅 깊이 생명을 꺼내 잉태하고 있었다
나는 과거의 수컷이 되어 남의 자식을 품에 안고 울었다

모가지가 끼룩끼룩 거리도록 울었다
참나무의 구멍은 탄내를 품은 세상이 되었다
작은 세상은 구멍에 어둠을 만들었다
나는 비로소 나쁜 사내가 되었다
참나무에 들어앉은 사내는 비로소
먹이를 날아다 주는 달빛을 허기로 채운다
어떠한 울음소리도 들리지 않을 때
나는 모로코로 향하고 있다
나쁜 수컷이 되어 이파리로 되돌아가 흔들린다

귀를 찾아서

꽃과 서리빛깔처럼 성글어 잊혀 지기 때문이다
사랑하는 벗과 이들은 삭임질의 잎사귀로 와서
상흔에 입힌 검푸른 띠를 벗기며
언제고 이별하기 때문이다
배롱나무의 속삭임과 억새풀의 마른 목젖이
한 입술로 나방처럼 머물다가 전설로 사라지는
스산한 이별을 영영 고해야 할 때이다
우리는 사랑을 고귀하게 소유하려는 이유 때문에
수없이 슬퍼했고 끊임없이 고독했었다
묘원에 향기 있는 술을 따르고, 나의 손끝에
끝끝내 이별의 향기가 파르르 떨리며
봄을 사랑한 아내의 외도에 수없이 슬퍼했고
봄을 사랑한 아내의 가출에 끊임없이 흔들렸던
일상과도 작별을 나누어야 한다
이제 나는 파도가 넘실거리는 향수로 되돌아가기 위해
톱날을 세운 미련과 영영 헤어짐을 약속 받아야 한다

갈대가 우거진 황토밭 고랑에서

잔잔하고 애잔한 물결의 신부를 만나기 위해
사랑하는 벗을 삭임질로 떠나보내고
배롱 나뭇가지와 억새 줄기에
털어내는 곰삭은 빛깔
날마다 팔 흔들며 재회의 작별을 연습한다

등거리 집

그곳은 매화꽃이 만개하여 달아난 곳은 아니니다
보듬는 손길 끝에 돋아나는 새싹과의 낯선 만남이다
그래서 그곳은 어깨까지 자란 상념과 해후도
남김없이 자르는 곳이다
그곳은 복어를 긴 현판 가슴에 감금하고
푸른 솟대처럼 설 것 같은 지평선 위에
낯선 이별을 버려놓은 한낮의 소리 없는 잔치이다
지척의 봄이 짧게 숨죽이며 속삭이던 담장에
오랜 침묵과 낯선 입맞춤과 포옹으로 이어지는 잊히는 곳이다
그래서 그곳은 한 청년의 젊음과 전설이
오랜 빛깔의 등껍질을 벗고 가슴을 벗기는 골목길의
등불이다
이제 그곳은 저절로 새의 가슴에 꽃모양을 만들며
조금씩 지평의 틈이 되어가고
틈은 벽의 금을 헤엄치며 먹고 있다
이발소 등거리 집에
머리카락이 잘리는 잔치가 끝나고 나면

복어는 간판을 벗어나려고
꼬리지느러미를 파닥거린다

그곳은 매화꽃이 달아나 현판만 무르익는 곳이다

몸 팔아 조개구이 집에서

연옥의 아픔을 참아내려는 석쇠 위
입안에 혀를 세워 거품을 물고 있다
혀가 굳은 조가비는
바다세상을 떠벌리지 못하고 누워있다
목소리를 잃자 낯선 말들의 혀를 깨운다
삶을 뒤집어 놓자 눕혀진 삶이 뒤집기 위해 몸을 튼다
목소리가 없는 사랑을 말한다
입속의 혀는 잎의 빈집을 더듬거리며
빈틈의 발가락이 발가락 사이로 허둥댄다
그 발짓 안에 해저를 품고 있던 한 소녀가
내게 잃은 몸뚱이를 혀 끝에 달고
'사랑을 잃고 나는 쓰네' * 내력을 짚어가며
헝클어진 짠 내의 기억들이
트림을 하고 있다
조가비의 하품처럼 잎 속에 입을 벌리고
두 가랑이를 벌리고 누워있다
그 누군가 그 몸에서 몸으로 이어진 몸의 길로
혀가 없는 입속에 검은 빛이 씹힌다

속살의 잎을 지우며 흔적이 뒤집혀 있다
뒤집힌 조가비는 자신의 삶을 속닥거리며
게딱지처럼 잃은 혀를 깨물고 있다

* 기형도, 「빈집」

아름다움, 그 착각

여러 해 동안 수선화의 싯누런 마음을 훔치었다가
한참을 시들어 있는 수선화를 흐리멍덩하게 바라볼 수 밖에 없다
그 짧고도 아름다움의 단명에
슬퍼할 겨를도 없어
사랑도 그러하였다
마른 기침소리가 끊이질 않는
무량사 처마 끝 풍경
산수유 봄이 가는 길목에 지켜 서 있으며
그 반짝임을 영원히 놓아 줄 사람이 있을까
그렇게나마 너에게 섬광처럼 부딪히고 사라지는
형장의 이슬처럼 고요하다, 고독하다
저 화사한 벚꽃과 봄을 울리는 메꽃과
담장에 핀 목련과 동네 어귀의 개 울부짖음이
나의 몸에 전율로 사라진다
짧고도 아쉬운 울림이 내 몸에서
수많은 사어들로 곰팡이 피고
푸른 싹을 바라던 자명종 소리는

나의 몸에 딸깍 멈춰 버리고
황무지, 그 석양에서 들리는 마른 기침소리만
껍질을 벗고 껍질을 벗어
요 며칠 나비로 귀화 할까 꽃밭에서 멈칫거리고 있다

모항

괭이갈매기들이 날다 앉다 한다
하나의 큰 섬이 뭍으로 왔다 사라진다 하며
파도는 구름과 잿빛과 흐르다 멈추다 한다
갯것을 파는 아주머니들의 주름진 얼굴에
흩날리는 먼지처럼 뿌옇게 더올랐다 사라지다 한다
이제껏 내 맘에 오르락내리락 들락날락 하며
잊히고 사라지고 녹아든 삶이
폐선 뱃머리로 너울처럼 부딪혔다 깨어지는
찰싹 소리로 모항에 서 있다 사라지고 한다
모항을 떠나올 때, 뻣뻣하게 박제 된 가오리
그 눈빛이 내 가슴에 달려들었다 달아나곤 한다
이제 모항에는 밤사이 노랫가락과 어울렸던
비릿한 삶만 풀풀 날리고 있을 게다
내 곳에 오고 간 것들이었기에
슬픔은 익숙하다

해설

다천(多喘)한 세상을 향한 미소

오준(시인)

일상에서 야누스는 인간의 이중적 성격을 지적하는데 많이 사용되고 있지만, 신화 속의 야누스는 문(門)의 신으로서 저승 문을 지킵니다. 이 신은 이승과 저승, 인간의 과거와 현재와 미래, 시간의 시작과 끝, 그 모든 영역을 두루 살피고 있습니다. 그러나 이 신은 모든 시간의 흐름을 볼 수는 있는 능력은 있으나 한계도 갖고 있겠다는 생각을 한 적이 있습니다. 문(門)이기 때문에 영원히 그 자리를 떠날 수 없다는 한계지요. 시인의 운명은 그런 것이 아닐까 생각합니다. 볼 수 있고 상상할 수는 있으나 그 알고 있는 모든 길들을 현실적으로는 가보거나 그래서 그 영역들에 두루 속해볼 수는 없다는 점 때문에 말입니다.

이 해설을 쓰기 전에 이 시인이 두 권의 이전 시집 『술 취한 밤은 모슬포로 향하고 있다』와 『그 잔인한 사랑, 그 속성에 대하여 나는 죽도록 사랑한다』를 읽었습니다. 또 그의 소설도 읽어 보았습니다.

"이 시인은 놀라울 정도로 너무 많은 것들을 보고 있구나."라는 생각이 들었습니다. 물리학에서 이야기 하는 복잡계가 어떤 것인지 실감이 날 정도로 그의 작품들 속에서는 들끓는 시어와 이미지, 상징들이 서로 뒤엉겨 소용돌이치며 혼류하고 있었습니다. 그 들끓는 생명력과 절절한 서정에 공감했지만 어지러움과 혼란스러움을 느낀 것도 사실입니다. 그의 시 중에 이런 시가 있습니다.

꽃을 태울수록 약력이 쌓인다
계보적인 이력서에 숱한 헤어짐을 적자면
새벽에 지지리도 울어대는 벌레 울음 같이
살았다
오늘밤이 이슥하니 헤어짐으로 지나면
두견화 상자에 고독이
술 한 잔에 별처럼 곯아떨어진 지난 밤에 이슬처럼 태어나
잡동사니를 채우며 가랑비 젖은 길을 걷고 있다
나는 고독한 시대에 태어나 외로운 오솔길을 걷고 있다
적적한 그리움에 눈물이 성경책보다 두꺼워지는
이 가난이야말로 나의 유산이니

하루하루는 탕자의 혈통을 잇는 슬픈 계보가
사푼히 나의 약력에 눈곱처럼 써진다

—「나의 약력」 전문

이 시의 내용의 흐름을 살펴보면 "헤어짐" "고독"(또는 "외로움") "울음"(또는 "눈물") "그리움"이라는 행로가 드러납니다. 그는 이 행로의 반복이 그의 "슬픈 계보", "약력"이며 "가난"한 "유산"이라고 말하고 있습니다. 또한 이 행로는 그가 이 시대를 "고독한 시대"로 규정하는 이유가 되기도 하고 "외로운 오솔길"을 가야만 하는 연유도 되며, 그것이 바로 "꽃을 태우"는 행위의 이유라고도 해명합니다. 그렇긴 하지만 그냥 두어도 세월에 시들다 다 타 바스러질 꽃을 굳이 태우려는 이유로는 충분하지는 않은 듯 했습니다.

그런데 중요한 것은 이전의 두 시집과 이번 시집의 많은 시들이 이 행로를 되풀이 하고 있다는 점입니다. 이런 경우 대개의 평자들은 그로테스크, 인간 존재의 유한성, 낭만성, 퇴폐주의, 서정성 등의 평어들을 동원해 이 시인의 시를 해석할 것입니다. 저도 그런 단어들이 떠올랐지만 그보다는 시 속의 화자의 심리가 더 궁금했습니다. 그것이 이 시들 속에서 그 행로를 반복하는 까닭이 될 테니까요. 그는 「비정규직보호법」이라는 시에서 자신을 이렇게 묘사합니다.

> (…) 나는 고독한 죄인이다/ 갈대밭에 허무가 흔들리는 침묵의 줄기이다/ 바위에 들이 칠 파도의 포말 같은 거품이다/ 외톨박이 소년의 낯짝과도 같이 철없는/ 눈빛만 반짝이는 것뿐이다 (…)

무엇이 자신의 정체성을 이렇듯이 가학적으로 표현하게 만들었을까요? 이별? 상처? 그래서 그러한 심리가 발생하게 된 이별의 대상이 더불어 궁금해졌습니다. 이전 시집인 『그 잔인한 사랑, 그 속성에 대하여 나는 죽도록 사랑한다』 속의 많은 시들이 많은 언급을 통해 이해를 도와주었습니다. 그러나 3부는 안타까웠습니다.

왜냐하면 「악녀의 시녀에게 보내는 서신」, 「악녀에게 보내는 서신」, 「쓸쓸한 계절」등의 시들은 자칫 그의 시 전체를 한 개인의 체험의 토로로 오해받을 수 있게 할 만큼 사실적이고 가학적이어서 위태로워 보이기까지 했기 때문입니다. 그러나 그것이 바로 한 개인의 자의식이 한 시인의 자의식으로 성장하는 과정이 될 수도 있다는 점에서, 즉 시인으로서의 정직성을 담금질하는 과정이라는 점에서는 동감할 수 있었습니다.

두 권의 시집에서 화자들은 스스로를 흔들고 태워버리고 떠나보내고 그리워하면서도 분노하고 학대했습니다. 그러느라 시의 형식들도 전통의 거의 모든 것들을 끌어들여 그것들을 해체, 재구성하고 자기화 하느라 혼란스러워 보일

정도였습니다.

이번 시집의 시들은, 내용면에 있어서나 형식면에 있어, 이전 시집들의 시들에 비해 아주 간결하고 명료합니다. 이전 시집들에서 왜 그가 정처 없이 방황하고 똑같은 궤도를 순환할 수밖에 없었던 지 그 이유도 또렷이 드러납니다. 그런데 그것은 어이없게도 '사랑' 이었습니다. 참다운 사랑, 너무 상투적으로 보이는 말이지요. 그러나 이 말은 동서고금의 그 많은 시인들이 시로 풀어내고 풀어냈지만 아직도 다 풀지 못한 시두(詩頭) 중 하나입니다. 이번 시집 그의 시 「귀를 찾아서」에는 이전 시집들의 내용을 정리하기라도 하는 듯한 다음과 같은 시구가 있습니다.

> "우리는 사랑을 고귀하게 소유하려는 이유 때문에/ 수없이 슬퍼했고 끊임없이 고독했었다"

사랑은 사랑일 뿐인데 그것을 고귀하게 여기고 소유하려 한 그 태도에 문제가 있었다고 그는 선언하고 있습니다. 재미있는 것은 주체가 '나는' 이 아니라 "우리"라는 점입니다. 이 "우리"라는 시어 때문에 앞서 말한 그의 이별이 그 자신의 개별적인 체험만은 아니었음이 밝혀집니다. 시인이 자기 자신의 헤어짐을 노래해 왔던 것이 아니라 "우리"의 헤어짐을 노래해왔음을 드러낸 것입니다. 이번 시집의 시들은 이별의 고통에서 벗어나 참사랑을 찾아야겠다는 깨달음, 거기까지 이르는 동안의 서정을 드러내고 심상들을 그려냈습니다. 그래서 이 시집은 참다운 사랑을 찾아 헤매는 길에 대한 보고이기도 합니다. 그래서 「아름다움, 그 착각」에서 이렇게 노래하게 됩니다.

> "껍질을 벗고 껍질을 벗어/ 요 며칠 나비로 귀화 할까 꽃밭에서 멈칫거리고 있다"

위의 시구들을 통해 굳이 장주지몽을 들먹일 필요도 없이 우리는 이제 그가 변신을 꿈꾸고 있으며 참된 인간의 정체성을 탐구하기 시작했음을 눈치 챌 수 있습니다.

문학의 많은 변신 모티브들은 인간들의 억눌린 욕망, 구속된 쾌락원칙에서 비롯됩니다. 그런데 한국 시문학사에서는 이 변신을 위한 모티브가 탈속의 서정으로 변주되기도 한다는 점에 주목할 필요가 있습니다. 변신이나 탈속을 꿈꾼다는 것은 현실적 자아를 고양시키고 정화하려는 의지이기도 합니다. 그런 면에서 이번 시집에서 이 시인은 현실의 억압과 구속, 왜곡 때문에 고양된 듯한 이전의 비약적인 상상과 가열된 감정을 떨쳐버리고 가벼워지려고 노력합니다. 그 결과 다음 시가 보여주듯 타자와 세계가 부가했던 이전의 왜곡된 정체성으로부터 탈주하여, 탈속의 초연함을 지니게 됩니다.

그래서 이 시집 속에서 화자의 정서가 시간의 흐름에 따라 어떠한 변모하는지를 살피기 위해서는 시집 마지막에 있는 시부터 읽기 시작해 이 시집 첫 번째 작품(아래 작품)에 이르는 독법이 옳을 것입니다. 부디 시집 순서를 되짚어 다시 한번 읽어주시기 바랍니다.

들에 피었을 한 송이 꽃이라 불려도 조오타
행려의 무고舞鼓한 발걸음에 으스러지는
그 꽃이라도 조오타
헛된 꿈같이 모든 바람이 사랑으로 곰삭고
시시때때로 모든 만남이 순간이었던 적도 있다만
나는 푸르른 하늘 같은 여린 가슴으로 지나간
향기만으로도 족하다
그러니 쓸쓸하다 말며 외로웁다 슬퍼할 일도 아니다

오다가다 스치올 인연 내 삶에 그 하나만으로도 족하다
들에 무성할 잡초라 불려도 조오타
그리하여 나는 무속巫俗이 없는 자유다
이름 모를 새로 날다가 잊힌다한들
이름 모를 꽃이나 잡초로 한들한들거린다한들
나 스스로의 실소는 아름다운 것
그러하니 초라하거나 약해하거나 괴로워할 일에도 조오타

—「무인도」 전문

이별, 외로움, 슬픔, 눈물, 분노 같은 이전의 감정은 "아니다"로 부정됩니다. "쓸쓸하다 말며 외로웁다 슬퍼할 일도" "아니다", 나아가 "초라하거나 약해하거나 괴로워할 일에도" "조오타"로 바뀌게 됩니다. "조오타"라고 긍정을 이루게 되니 "나 스스로의 실소"를 머금을 수도 있게 됩니다. 그리고 화자 스스로 바로 그것이 "아름다운 것"이라 풀이합니다. 물론 「장곡사」, 「미암사 가는 길」, 「전갈의 기억」 등의 작품들에서는 아직도 이전 시집들의 잔해가 남아있어 외로움, 슬픔, 그리움이 더 두드러져 보이기도 합니다. 그러나 그런 경우에도 그는 담담해서 더욱 비장하게 다음과 같이 노래합니다.

나는 꽃잎으로 단단히 다진 길을 걷는 것이 슬프다

—「장곡사」 중에서

꼬리를 남긴 길에
따라오던 씨앗들이 흩날린다

—「미암사 가는 길」 중에서

그림자 딱지를 벗기니 영산홍 꽃이 붉게 피다

—「전갈의 기억」 중에서

그러나 이런 경지는 문득 이루어진 것이 아닙니다. 「각시붓꽃 목에 목탁이 없다」, 「사랑, 그것이 주름지고 헐거워진 것이다」, 「혀」같은 작품들은 이런 그의 변모가 순순히 얻어진 것이 아님을 보여주는 시들입니다. 여기에 이르기까지 수많은 치욕과 고통, 착란의 과정이 있었음을 끔찍할 정도로 여실히 보여줍니다.

사랑도 곪고 이별도 곪고
돌출 부위에서 어느 것 하나 빠져나오지 못하고
팽창하여 종기만 남고 몸은 사라졌다
한 때 몸속 뿌리 깊숙이
붉은 피와 함께 흐르던
사랑, 그것이 주름지고 헐거워진 것이다

— 「사랑, 그것이 주름지고 헐거워진 것이다」 중에서

내 혀는 서랍 안에 놓여
페이퍼처럼 꼬리를 파닥거리고 있다
지느러미 없는 사랑을
꺼낼 때마다
생선 머리토막이 입 밖으로 튀어나온다

— 「혀」 중에서

곪고 주름지고 헐거워져 몸은 사라지고 종기만 남은 사랑은 기형을 낳기도 합니다. 앞서 말했던 변신의 과정입니다. 서랍 안에서 꼬리를 파닥이긴 하지만 꺼내보면 어느새 그의 혀가 토막 났기 때문에 이미 '죽은 물고기'의 머리토막이 튀어나올 뿐입니다. 혀는 일반적으로 언어, 남성성 등의 상징이지만 이 시에서는 시를 노래해야 하는 주체를 상징합니다. 이 "혀"는 사랑을 노래해야 하는데 그 사랑은 이미 지느러미가 없는 물고기와 같은 사랑이 되어버렸습니다. 그래서 그는 사랑이 "생선 머리토막"이 되어 "튀어나온다"라고밖에 토로할 수밖에 없게 된 것입니다. 위의 두 시를 프로이트 식으로 읽어보면 재미있겠지만 외람된 듯하여 이 해설에서는 삼가 거두겠습니다.

이 시집에 이르기까지 김나인의 시는 인간 사이에서 사랑이라고 명명하고 있는 것의 과정을 많은 방식과 언어로 형상화하여 독자들에게 보여주었습니다. 그리고 언뜻 그가 가고자 하는 길이 인간의 사랑을 향하고 있다는 것을 암시하기도 했습니다. 그러나 그는 나중에야 자신이 노래한 것이 사랑이 아니라 인간의 이면이라는 것을 깨달았다고 생각됩니다.

사랑이라는 핑계로 과잉되어 도착, 탐미, 변태가 되거나, 반대로 결핍되어 비명, 주정, 절규, 저주가 된 것은, 사랑 그 자체의 본질 때문이 아니라 인간의 감춰진 본성 때문이었음을 깨달은 것입니다. 그러므로 그의 그 동안의 문학적 탐구는 사랑에 대한 탐구가 아니라 인간에 대한 천착이었습니다. 그것을 그토록 몸서리치며 처절하게 보여주었던 것입니다.

그에게 아직 사랑은 없습니다. 그래서 변하지 않고 그대로 있습니다. 시기와 질투와 욕망으로 변질하여 배반한 것은 사랑이 아니라 사람이었기 때문입니다. 앞서 밝혔듯이 이 시집 앞부분의 시들은 그가 이제야 사람을 관조할 수 있는 평온한 시선을 지니게 되어 참다운 사랑을 다시 그리워할 수 있게 될 것이라는 기대와 희망을 갖게 합니다.

끝으로 이 시집 안의 "목탁"에 대하여 한 마디 거들겠습니다. 원효께서는 사람들이 다천(多喘)한 까닭에 이 허공과 같은 세상의 속된 일들에 결박된다고 말씀하셨습니다. 이 말씀을 새기자면, 천(喘)이란 놀라고 불안한 마음에 헐떡거리는 것인데 그렇게 되면 이후 자기의식((아치(我恥), 아애(我愛), 아만(我慢), 아견(我見))에 사로잡히게 되고 그 의식의 육사(六使), 육식(六識) 때문에 번뇌 망상에 사로잡혀 자기 자신은 물론 세상을 혼탁하게 만든다는 가르침입니다.

날로 다천해지는 세상에서 고른 숨을 쉬시게 된 시인에게 미소를 보냅니다.

제 마음의 눈을 감아야 몸 밖 어둠 속에서도 환하게 보입니다.